edizioni Edilingua

Indice

I cento passi

Johnny Stecchino

Premessa

Cinema Italia è una Collana presentata in fascicoli suddivisi in tre livelli: elementare (A2), intermedio (B1-B2) ed avanzato (C1-C2). Tale Collana ha come scopo lo sviluppo e l'arricchimento delle competenze linguistiche e lessicali dello studente di italiano LS/L2 attraverso l'analisi dettagliata di film del nostro grande repertorio classico e contemporaneo. Ogni fascicolo tratta in modo esauriente due film scelti in base al tema o al regista.

Le unità, scandite in tre momenti (prima, durante e dopo la visione del film), comprendono una biografia completa e aggiornata del regista, attività di grammatica, sul lessico, ma anche di carattere socioculturale. Queste attività coinvolgono le quattro abilità linguistiche e prevedono, in genere, la visione di tutto il film. In realtà, si possono usare formule diverse: per esempio, si potrebbe creare un Cinema Club, dopo l'orario scolastico, in cui viene proiettato tutto il film per poi far lavorare gli studenti in gruppi di due o di quattro. Oppure, all'interno del programma scolastico si potrebbero dedicare delle lezioni (per esempio, una alla settimana) esclusivamente al cinema, in cui si presenta un film nell'arco di un mese (per esempio, 4 lezioni di 45 minuti). Le tre sezioni dell'unità presentano attività diverse:

Prima della visione del film. Si tratta di attività che vanno svolte prima di vedere il film, si basano sulle conoscenze pregresse, rappresentano una fase di *warming-up*, cioè di preparazione dello studente alla visione, e hanno il compito di stimolare la curiosità e creare la motivazione necessaria. In questa fase preliminare si consiglia di consultare le attività da fare durante la visione, perché questo momento di *scanning* ha due vantaggi: permette allo studente di anticipare alcuni punti trattati nel film, facilitandone la comprensione, e di prepararsi anche alle attività da fare durante la visione.

Durante la visione del film. Gli studenti devono essere incoraggiati a prendere appunti, senza il timore di sbagliare. Potranno rivederli e correggerli una volta terminata la visione del film, dopo la quale è necessario un momento di verifica e di confronto. Infatti, si possono formare gruppi di due o quattro studenti e verificare la comprensione, favorire lo scambio di idee e/o aggiungere informazioni che non si erano colte durante la visione e che sono richieste dalle attività. L'insegnante o lo studente, al termine della visione, può ritornare su scene o sequenze particolari come meglio crede per poter rispondere alle domande in modo completo ed esauriente. La visione del film con o senza sottotitoli è a discrezione dell'utente, in base alle proprie conoscenze di base.

Dopo la visione del film. È la fase di approfondimento, quindi ci saranno attività di analisi più attenta e profonda, basata sulla visione dell'intero film. Si prevedono più attività di scrittura e di riflessione.

Allo scopo di approfondire ed ampliare le tematiche presenti nei film proposti, sono stati forniti dei suggerimenti per ulteriori percorsi didattici.
Le chiavi alle attività proposte offrono spesso esaurienti commenti ai film, rendendone facile la consultazione e l'uso a insegnanti e studenti che possono usare la Collana anche in autoapprendimento.

L'utilizzo del fascicolo, come abbiamo visto, è abbastanza flessibile: può essere usato in un Cinema Club, durante le lezioni a scuola, in corsi serali per adulti o anche a casa, durante il tempo libero. L'insegnante o lo studente può dividere le attività didattiche e la visione del film in base alle proprie ore a disposizione. Il fascicolo può essere usato anche come metodo di verifica delle proprie competenze linguistiche sia in classe che individualmente. Per svolgere tutte le attività, compresa la visione del film, sono richieste da un minimo di quattro a un massimo di cinque ore.
I film proposti nella Collana si possono trovare facilmente in commercio o possono esser acquistati on line: www.amazon.com, www.ebay.it, www.dvdland.it.

In questo terzo fascicolo, di livello avanzato (C1-C2), si presenta, grazie a due film di successo e da angolature diverse, la realtà mafiosa italiana e i diversi ambienti in cui si radica e prolifera. Il primo film didattizzato, *I cento passi*, è del regista Marco Tullio Giordana, mentre il secondo è *Johnny Stecchino* dell'attore-regista Roberto Benigni.

Le Autrici

Scheda del film

Titolo:	*I cento passi*
Anno di produzione:	2000
Regia:	Marco Tullio Giordana
Interpreti principali:	Luigi Lo Cascio (Peppino Impastato)
	Lorenzo Randazzo (Peppino bambino)
	Luigi Maria Burruano (Luigi Impastato)
	Paolo Briguglia (Giovanni Impastato)
	Lucia Sardo (Felicia Impastato)
	Tony Sperandeo (Gaetano Badalamenti)
	Cesare Manzella (Pippo Montalbano)
	Andrea Tidona (Stefano Venuti)
	Claudio Gioè (Salvo Vitale)
Sceneggiatura:	Claudio Fava, Monica Zapelli, Marco Tullio Giordana
Fotografia:	Roberto Forza
Montaggio:	Roberto Missiroli
Scenografia:	Franco Ceraolo
Durata:	114 minuti circa
Genere:	Drammatico
Lingua:	Italiano standard, dialetto siciliano

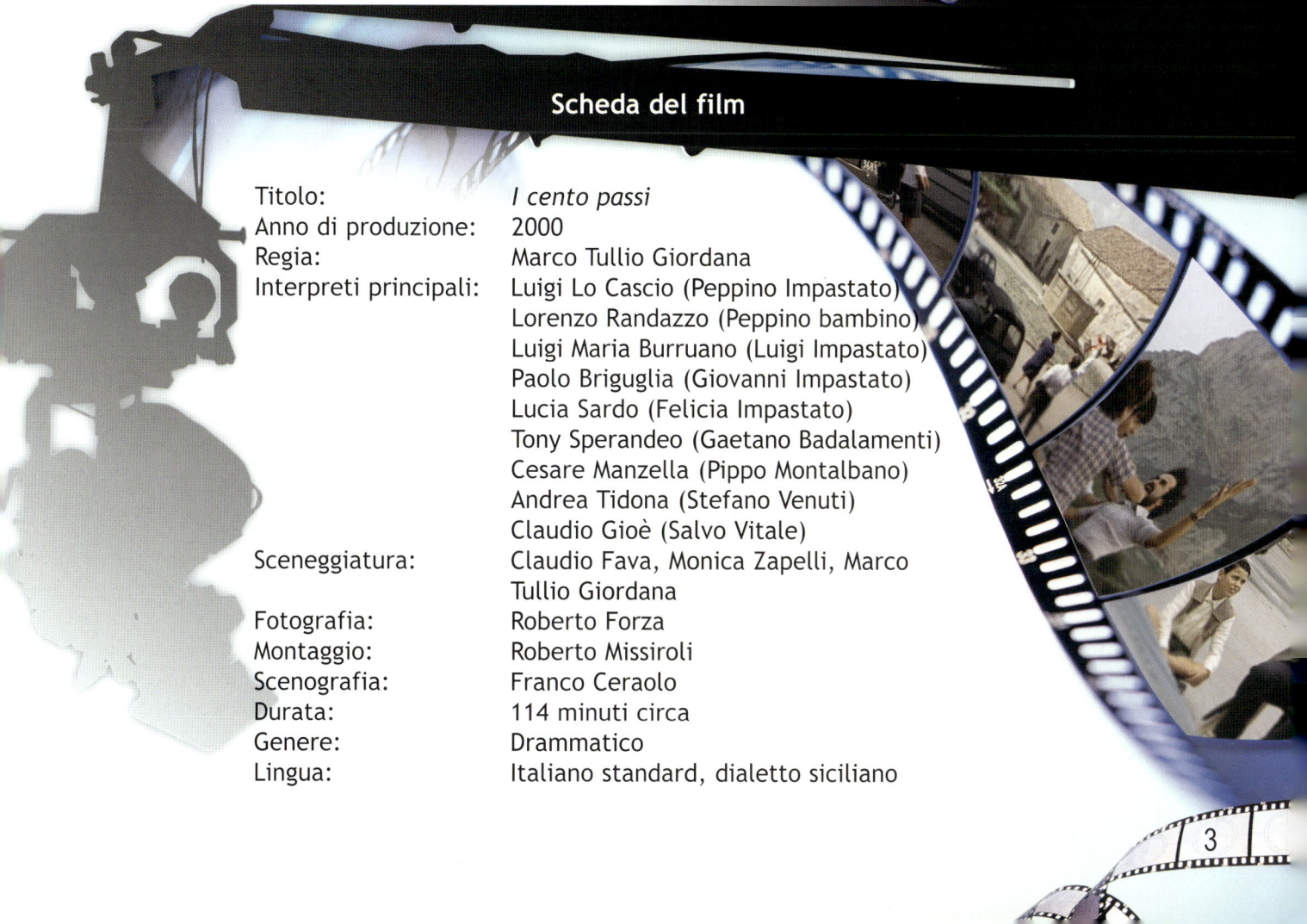

Prima della visione del film

1. Leggi attentamente la biografia di Marco Tullio Giordana e rispondi alle domande.

Nato a Milano il 1 ottobre del 1950, Marco Tullio Giordana abbandona la Facoltà di Lettere e Filosofia e negli anni Settanta si dedica completamente all'impegno politico.

Si accosta al cinema, collaborando con Roberto Faenza nel film di montaggio *Forza Italia!* (1978). Debutta nel lungometraggio con *Maledetti, vi amerò* (1979), un ritratto della generazione del '68 sospesa fra terrorismo e disillusione, presentato al Festival di Cannes e vincitore del primo premio a Locarno. Successivamente, firma per Antonio Margheriti il soggetto di *Car crash* (1981) e torna alla regia con l'ambizioso ed irrisolto *La caduta degli angeli ribelli* (1981), dove la scena è occupata da problematiche figure di terroristi. Nell'82, realizza per il festival di Salsomaggiore il video musicale *Young person's guide to the orchestra*, da Benjamin Britten; due anni dopo, adatta felicemente, in due puntate concepite per il piccolo schermo, il romanzo di Carlo Castellaneta *Notti e nebbie*, incentrato su un poliziotto fascista, il commissario Bruno Spada, che vive a Milano il tramonto della Repubblica di Salò.

È del 1987 *Appuntamento a Liverpool*, confusa vicenda costruita attorno alla tragedia dello stadio Heysel di Bruxelles; del 1991 l'episodio *La neve sul fuoco*, contenuto ne *La domenica specialmente*; infine, del 1995 *Pasolini, un delitto italiano*, discutibile ma non privo d'interesse.

Nel 2000 presenta al Festival di Venezia *I cento passi*, film di denuncia sulla vita e la morte di Peppino Impastato. Un caso che è stato per anni ignorato. Solo nel 2002, Gaetano Badalamenti, condannato nel 1987 negli Stati Uniti a 45 anni di reclusione per narcotraffico, viene condannato all'ergastolo per l'assassinio di Peppino Impastato. Il film riceve il premio per la migliore sceneggiatura al festival di Venezia. Nel 2001 il film vince cinque David di Donatello. Giordana stesso dice: Questo non è un film sulla mafia, è piuttosto un film sull'energia, sulla voglia di costruire, sull'immaginazione e la felicità di un gruppo di ragazzi che hanno osato guardare il cielo e sfidare il mondo nell'illusione di cambiarlo. È un film sul conflitto familiare, sull'amore e la disillusione, sulla vergogna di appartenere allo stesso sangue.

Nel 2003 con il film per il piccolo schermo *La meglio gioventù* vince la sezione *Un certain regard* del festival di Cannes.

(adattato da *www.italica.rai.it*)

1. Quali sono le esperienze di Marco Tullio Giordana prima di dedicarsi al cinema?
   ....

2. Quali temi vengono generalmente trattati nei suoi film?
   ....

3. Secondo le dichiarazioni di Giordana il film *I cento passi* è un film sulla mafia?
   ....

4. Quanti premi ha vinto il film *I cento passi*?
   ....

5. Marco Tullio Giordana ha mai prodotto qualcosa per la televisione? Cosa?
   ....

Filmografia

2011	*Romanzo di una strage*, regia di Marco Tullio Giordana
2008	*Sanguepazzo*, regia di Marco Tullio Giordana
2005	*Quando sei nato non puoi più nasconderti*, regia di Marco Tullio Giordana
2003	*La meglio gioventù*, regia di Marco Tullio Giordana
2000	*I cento passi*, regia di Marco Tullio Giordana
1995	*Pasolini un delitto italiano*, regia di Marco Tullio Giordana
1991	*La neve sul fuoco (episodio di La domenica specialmente)*, regia di Marco Tullio Giordana
1988	*Appuntamento a Liverpool*, regia di Marco Tullio Giordana
1984	*Notti e nebbie*, regia di Marco Tullio Giordana
1981	*La caduta degli angeli ribelli*, regia di Marco Tullio Giordana
1980	*Maledetti vi amerò*, regia di Marco Tullio Giordana

2. Leggi la trama del film.

Peppino abita a Cinisi, un paesino tra montagna e mare, a 30 chilometri da Palermo, il capoluogo della Sicilia. Lì vicino c'è l'aeroporto di Punta Raisi, ritenuto dalla mafia un importante centro per il traffico della droga. Peppino appartiene ad una famiglia affiliata alla mafia: cugini, zii e anche suo padre ne fanno parte e vedono in lui il futuro boss della "onorata Famiglia". Ma Peppino è un bambino curioso e comincia a nutrire una forte ribellione nei confronti di quel mondo. Nel 1968, Peppino è adolescente e si ribella, come tanti giovani del periodo, al padre e la sua ribellione diventa una sfida allo statuto della mafia. Abita a soli cento passi dalla casa di Tano Badalamenti, il boss locale e questi cento passi diventeranno il simbolo della ribellione e della paura di diventare come loro. La rivolta di Peppino diventa una sfida alle regole imposte dalla mafia e quando si schiera al fianco dei contadini che si battono contro l'esproprio delle loro terre per ampliare l'aeroporto capisce quanto sia difficile combattere il sistema e, soprattutto, il sistema mafioso che interagisce strettamente con quello sociale, politico ed economico. Avvicinatosi al Partito Comunista, Peppino resta deluso dalla mancanza di libertà di manovra, di poter prendere iniziative, del controllo centralizzato e della burocrazia del partito. Allora, insieme ad altri giovani, fonda un giornale e denuncia apertamente la mafia. Il padre, non accettando le scelte del figlio, lo manda via di casa. Peppino, nonostante i problemi con il genitore, dà vita a nuove iniziative: fonda il circolo *Musica e cultura*, organizza mostre fotografiche e teatro in piazza per denunciare speculazioni edilizie e corruzione, mette su *Radio Aut*, un'emittente che diventa famosa in tutta la Sicilia in quanto con sarcasmo mette in ridicolo la mafia, rompe il muro di omertà e non ha alcun rispetto per i boss. Tano Badalamenti diventa Tano Seduto e Cinisi è Mafiopoli. Il clima per lui si fa pesante: il padre cerca di farlo tacere, madre e fratello sono solidali con lui. Pur avvisato e minacciato, Peppino cerca forme di impegno sempre più incisive. Nel 1978, in vista delle elezioni comunali, decide di candidarsi nelle liste di Democrazia Proletaria. Due giorni prima del voto salta in aria sui binari della ferrovia. La morte viene cosiderata come un "incidente sul lavoro" e poi come suicidio. La morte coincide con il ritrovamento a Roma del corpo di Aldo Moro, rapito circa due mesi prima dalle Brigate Rosse, pertanto viene subito dimenticata. Solo dopo vent'anni la Procura di Palermo rinvierà a giudizio Gaetano Badalamenti come mandante dell'assassinio e solo nel 2002 sarà condannato all'ergastolo.

3. Dopo aver letto la trama del film rispondi oralmente a queste domande.

1. Il film è tratto da una storia vera?
2. In che anni è ambientato il film?
3. Quale avvenimento ha sconvolto la vita di Peppino?
4. Quali sono le attività che intraprende Peppino e perché?
5. Ha l'appoggio di suo padre? In che modo reagisce suo padre?
6. Secondo te, chi capisce e, in silenzio, condivide le idee di Peppino?
7. Qual è l'obiettivo di Peppino?
8. Riesce a sensibilizzare i giovani e i cittadini di Cinisi?
9. Peppino si candida alle elezioni comunali con il partito di Democrazia Proletaria. Ma cosa succede?
10. Perché non si parlò molto del caso?

Durante la visione del film

1. **Il film inizia con l'immagine di una famiglia che si prepara per andare ad una festa. Una madre, con mano veloce, pettina suo figlio.**

   1. Come sono vestiti i bambini?

   ....

   ....

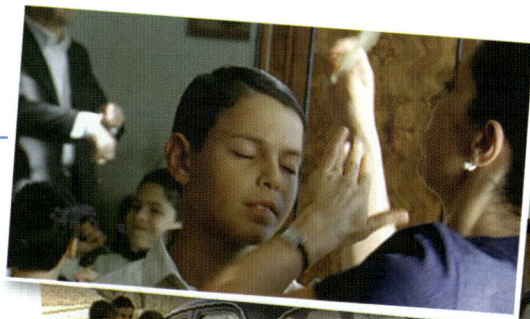

2. Secondo te, qual è l'occasione di questa festa?

....

....

3. Chi sono gli invitati della festa? E a cosa ti fanno pensare?

....

....

4. Osserva le auto. In che anni siamo? Riconosci le auto?

....

....

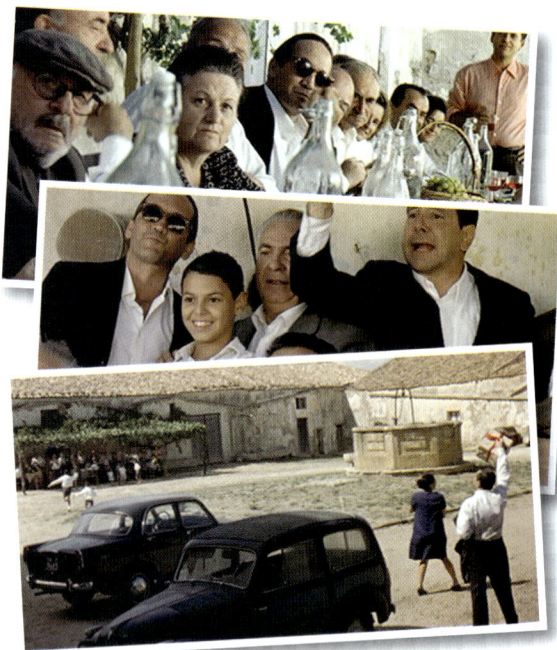

2. Il comizio.
Ascolta con attenzione il comizio del pittore Stefano Venuti e indica, tra le parole date, quelle che senti nel discorso. Poi trascrivi, facendo uso delle parole elencate, a cosa si riferisce la protesta.

colata di cemento	*campagna elettorale*	*amici mafiosi*	*montagna*	*case*	*negozi*
posti di lavoro	*aeroporto*	*piazze*	*strade*	*pista*	*rubare*	*turismo*	*giardini*

Protesta:

....

....

....

....

3. I personaggi
3a. Scegli la descrizione più appropriata di Peppino.

Aspetto fisico		Personalità	
• alto	• imponente	• calmo	• malinconico
• asciutto	• magro	• cauto	• onesto
• basso	• mingherlino	• colto	• passionale
• biondo	• muscoloso	• comico	• pessimista
• capelli brizzolati	• naso aquilino	• comprensivo	• precipitoso
• capelli lisci	• occhi chiari/scuri	• curioso	• riflessivo
• capelli corti/lunghi	• orecchie a sventola	• frustrato	• scettico
• capelli ricci	• pallido	• generoso	• scontroso
• delicato	• peloso	• impaziente	• solitario
• elegante	• robusto	• imprevedibile	• sospettoso
• esile	• slanciato	• impulsivo	• taciturno
• grasso	• tarchiato	• ironico	• timido
• grosso	• spigoloso	• irrazionale	• tollerante

3b. Peppino e le relazioni.

Peppino prova sentimenti diversi verso le persone intorno a sé. Scegli la definizione che ti sembra più corretta e mettila nella casella giusta, come nell'esempio. Attenzione: puoi usare la stessa definizione per persone diverse!

Il padre Luigi	La madre Felicia	Il fratello Giovanni	Gli amici	Stefano Venuti
rabbia				

affetto **rabbia** protezione ammirazione delusione rispetto cameratismo
disgusto solidarietà preoccupazione disprezzo gioia frustrazione
complicità intolleranza fiducia angoscia entusiasmo disperazione
pazienza speranza soddisfazione insofferenza

3c. La famiglia.

Il film presenta una famiglia italiana di stampo meridionale. La relazione tra di loro è abbastanza difficile. Potresti descrivere il loro stato d'animo nei confronti di Peppino? Scrivi due o tre frasi complete.

3d. I parenti.

Come vengono presentati gli altri familiari? Che rapporti hanno con la famiglia di Peppino? Completa la scheda e poi discuti con il tuo compagno.

	Chi sono?	Che rapporto di parentela hanno?

3e. La madre.

Vediamo la madre in diverse situazioni, piene di significato. Puoi metterle in ordine cronologico, tenendo conto delle sequenze del film?

serve a tavola la pasta - pettina suo figlio - difende il figlio - segue le notizie alla TV
compra i giornali - ripete a memoria una poesia - ascolta suo marito - porta la valigia
legge a voce alta una poesia - mostra orgoglio e solidarietà nei confronti del figlio

1. ....
2. ....
3. ....
4. ....
5. ....
6. ....
7. ....
8. ....
9. ....
10. ....

4. Il circolo *Musica e Cultura*.

Nel 1967 Peppino costituisce il circolo *Musica & Cultura*. Che cosa organizzava o promuoveva esattamente il circolo? Scegli gli eventi adatti.

conferenze   gite   corsi di lingua inglese   riunioni di politica
corsi di canto   cineforum   feste di compleanno   sfilate di moda
concerti   dibattiti   corsi di rock and roll   spettacoli teatrali

5. *Radio Aut*.

5a. Leggi le frasi e indica se sono vere o false.

                                                V F

1. Non è una radio nazionale. ☐ ☐
2. È finanziata dal Comune di Cinisi. ☐ ☐
3. Peppino è il fondatore di Radio Aut. ☐ ☐
4. Ci lavorava solo Peppino. ☐ ☐
5. Oltre ai programmi veniva trasmessa musica. ☐ ☐
6. Il programma di Peppino era provocatorio. ☐ ☐

5b. Il programma radiofonico *Onda Pazza* era una denuncia contro la mafia. Scegli le parole giuste per definirlo.

provocatorio   comico   sarcastico   stupido   inutile   triste   nostalgico   divertente   incomprensibile   romantico   intelligente   volgare   educativo   ironico   informativo

6. Geografia.
Il film è ambientato a Cinisi, un paesino tra il mare e la montagna, vicino a Palermo, in Sicilia. Sottolinea tra le descrizioni date i luoghi e i paesaggi che vedi nel film.

campagne desolate   giardini   colline verdi   strade strette   palazzine   la chiesa
spiaggia aperta   strade non asfaltate   case vecchie   mare   centri commerciali
ruderi in campagna   negozi piccoli   fattorie   finestre con persiane   fontane
villette eleganti   autostrada tutta curve   bar con i tavolini fuori   una farmacia
piazze con palme   ristoranti   statue   una pizzeria

7. Lo spazio e i dialoghi.
Fai una lista dei luoghi dove si svolgono i dialoghi elencati sotto.

1. Peppino e il pittore Stefano Venuti. (cap. 2)
....

2. Peppino e il fratello: cento passi. (cap. 7)
....

3. Peppino sulla collina con il suo amico: la bellezza. (cap. 9)
....

4. Peppino e la madre. (cap. 12)
....

5. Peppino e il padre. (cap. 18)
....

6. Peppino e suo fratello dopo la morte del padre. (cap. 19)
....

7. Tano e i due fratelli, dopo la morte del padre. (cap. 21)
....

Dopo la visione del film

1. **Peppino recita una poesia di Giacomo Leopardi. Leggi la poesia e sostituisci le parole in corsivo con le parole nel riquadro.**

solitario	frusciare	paragonando	vastità	sento	nascondo
cespuglio	ritorna in mente	silenzio	guardando		

Sempre caro mi fu quest'*ermo* colle,
e questa *siepe*, che da tanta parte
dell'ultimo orizzonte il guardo esclude.
Ma sedendo e *mirando*, interminati
spazi di là da quella e sovrumani
silenzi, e profondissima *quiete*
io nel pensier mi *fingo*; ove per poco
il cor non mi spaura. E come il vento
odo stormir fra queste piante, io quello
infinito silenzio a questa voce
vo *comparando*: e mi *sovvien* l'eterno,
e le morte stagioni, e la presente
e viva, e il suon di lei. Così tra questa
immensità s'annega il pensier mio;
e il naufragar m'è dolce in questo mare.

Giacomo Leopardi, *L'infinito*

2. **Peppino invita sua madre a leggere una poesia di Pier Paolo Pasolini. Commenta con il tuo compagno.**

È difficile di dire con parole di figlio
ciò a cui il cuore ben poco assomiglio
tu sei la sola al mondo che sa del mio cuore
ciò che è stato sempre prima di ogni altro amore.
Per questo devo dirti ciò che orrendo conoscere
e dentro la tua grazia che nasce la mia angoscia
Sei insostituibile, per questo è dannata alla solitudine la mia vita
che mi hai data e non voglio essere solo
ho un'infinita fame d'amore
dell'amore dei corpi senza anima
Perchè l'anima è in te
sei tu
ma tu sei mia madre e il tuo amore è la mia schiavitù.

3. **Rapporti genitori-figli. Dopo aver discusso con il tuo compagno completa le schede.**
   a. Il tuo genitore ideale ...

   1.

   2.

   3.

   4.

   5.

b. Cosa dovrebbe fare un figlio per essere accettato da un genitore?

1.

2.

3.

4.

5.

4. La famiglia e i suoi valori. Discuti con il tuo compagno.

a) C'è un'altra Famiglia presentata: sapresti descriverla?

b) Secondo te, quali sono i rapporti che legano queste persone?

c) Quali sono i valori di una famiglia tradizionale?

d) E quelli dell'altra Famiglia?

e) Quali pensi che siano i problemi principali sia dell'una che dell'altra?

5. *Grammatica.* Uso dell'imperfetto. Giovani di ieri e giovani di oggi.

5a. Descrivi come era la vita dei giovani e in che modo è cambiata.

5b. Completa le frasi prendendo spunto dalle scene del film, come nell'esempio, e facendo riferimento alla situazione italiana attuale.

1. Prima .... adesso invece ....

2. Prima .... adesso invece ....

3. Prima .... adesso invece ....

4. Prima .... adesso invece ....

5. Prima *molti giovani vivevano insieme* adesso invece *vivono in famiglia.*

Se vuoi, usa i seguenti esempi tratti dal film.

Molti giovani sperimentano nuove forme di libertà e di vita in comune.

Adesso aggiungi tu degli altri esempi ....

6. Vocabolario. I posti dove i giovani si incontrano ...
Completa la scheda abbinando il luogo alla descrizione corrispondente.

discoteca – palestra – oratorio – paninoteca – circolo culturale – piazza – ateneo – pizzeria
centro sociale – cineforum – biblioteca – sezione di partito – maneggio – birreria – autodromo

il posto	dove...
	si guarda un film
	si mangia qualcosa
	si seguono le lezioni universitarie
	si suona e si sta con amici
	si va a studiare
	si parla di politica
	si va a cavallo
	si fanno gare in macchina
	si balla
	si mangia di solito una pizza
	si fa ginnastica
	ci si incontra per fare diverse attività
	si sta quando non piove
	si beve qualcosa
	i soci si incontrano

7. Lo spazio e dialoghi.

7a. Riascolta o leggi il dialogo tra Peppino e suo fratello Giovanni e discuti con il compagno.

Peppino: Sei andato a scuola? Sai contare?
Giovanni: Come contare?
Peppino: Come contare? 1,2,3,4, sai contare?
Giovanni: Sì, so contare
Peppino: Sai camminare?
Giovanni: So camminare
Peppino: E contare e camminare insieme lo sai fare?
Giovanni: Sì! Penso di sì!
Peppino: Allora forza! Conta e cammina! dai...
　　　　　1, 2, 3, 4, 5, 6, 7, 8...
Giovanni: Dove stiamo andando?
Peppino: Forza! Conta e cammina! 9... 90, 91, 92, 93, 94, 95, 96, 97, 98, 99 e 100! Lo sai chi ci abita qua?
　　　　　U zù Tanu ci abita qua! Cento passi ci sono da casa nostra, cento passi!

1. Spiega con parole tue il significato di questo dialogo.
2. Scegli altri dialoghi e discuti con i compagni di classe.
3. Durante la visione hai fatto una lista dei luoghi dove si svolgono i dialoghi. Secondo te che importanza ha lo spazio e il luogo dove i dialoghi avvengono?
4. L'ultimo dialogo è veramente un monologo di Tano Badalamenti in cui viene spiegata e giustificata la mafia. Discuti con il compagno.

7b. Se tu avessi l'occasione di mettere su un centro culturale come lo chiameresti e cosa faresti? Discuti con il compagno.

8. **Gli anni '70.**

Quali sono le caratteristiche del periodo? Completa la scheda secondo quello che sai e quello che hai visto nel film. Discuti con i compagni il periodo aiutandoti con le definizioni sotto.

le comuni – femminismo – occupazione delle università – gli scioperi
uso delle droghe - abiti colorati indiani – autogestione nelle scuole
movimento hippye/figli dei fiori – libertà dei costumi sessuali
campagna per il disarmo nucleare - il diritto al divorzio

Abbigliamento	Musica	Miti	Problemi

9. **Per discutere...**

9a. **Leggi la definizione tratta dal dizionario De Mauro*:**

mà|fia s.f.: **AD 1a** vasta organizzazione clandestina di natura criminosa, sorta nella Sicilia occidentale nel sec. XIX e sviluppatasi a livello nazionale e internazionale, la cui attività consiste tradizionalmente nel procurarsi illeciti guadagni mediante ricatti e soprusi di ogni genere e spec. nell'imporre il pagamento di contributi forzosi alle aziende agricole, commerciali e imprenditoriali: *la m. agraria, delitto, vendetta di m.* | *lotta, guerra di m., conflitto interno fra gruppi mafiosi rivali* **1b** estens., con riferimento ad altre potenti organizzazioni criminali: *m. cinese, m. russa* **2** estens., gruppo di persone strettamente solidali fra loro allo scopo di conseguire, lecitamente o illecitamente, determinati vantaggi e difendere con ogni mezzo gli interessi della propria categoria **3 BU** prepotenza, insolenza **S 1a** onorata società **2** camorra, consorteria **V** maffia

* Edizione Paravia Bruno Mondadori Editore, pag.1427

9b. **Discuti in classe dopo aver fatto una ricerca:**

- La definizione.
- Conosci le radici storiche della mafia?
- E fenomeni simili in altre culture o nella stessa Italia? Per esempio cosa sapresti dire della camorra? E della 'ndrangheta?
- Nel film vengono denunciati dei fatti importanti. Potresti evidenziarli? Potresti evidenziare le conseguenze?

Decisioni	Conseguenze

10. **Per scrivere...**

10a. **Potresti tracciare le tappe più importanti della vita di Peppino?**

1° fase ....

2° fase ....

3° fase ....

4° fase ....

5° fase ....

10b. **Scrivi un volantino di protesta usando ironia, giochi di parole o metafore per non dire chiaramente a cosa ti riferisci ...**

ATTIVITÀ EXTRA

1. La canzone.

I cento passi - Modena City Ramblers

Peppino: Sei andato a scuola? Sai contare?
Giovanni: Come contare?
Peppino: Come contare? 1,2,3,4, sai contare?
Giovanni: Sì, so contare
Peppino: Sai camminare?
Giovanni: So camminare
Peppino: E contare e camminare insieme lo sai fare?
Giovanni: Sì! Penso di sì!
Peppino: Allora forza! Conta e cammina! dai... 1,2,3,4,5,6,7,8...
Giovanni: Dove stiamo andando?
Peppino: Forza! Conta e cammina! 9... 90,91,92,93,94,95,96,97,98,99 e 100! Lo sai chi ci abita qua? U zù Tanu ci abita qua!
Cento passi ci sono da casa nostra, cento passi! *(dal film)*

www.youtube.com/watch?v=KUpcxdg2lqs

Nato nella terra dei vespri e degli aranci, tra Cinisi e Palermo parlava alla sua radio...
Negli occhi si leggeva la voglia di cambiare, la voglia di Giustizia che lo portò a lottare...
Aveva un cognome ingombrante e rispettato, di certo in quell'ambiente da lui poco onorato...
Si sa dove si nasce ma non come si muore e non se un'ideale ti porterà dolore...
Ma la tua vita adesso puoi cambiare solo se sei disposto a camminare, gridando forte senza aver paura contando cento passi lungo la tua strada...
Allora... 1, 2, 3, 4, 5, 10, 100 passi!... 1, 2, 3, 4, 5, 10, 100 passi!...
Peppino: Noi ci dobbiamo ribellare! *(dal film)*
Poteva come tanti scegliere e partire, invece lui decise di restare...
Gli amici, la politica, la lotta del partito... alle elezioni si era candidato...
Diceva da vicino li avrebbe controllati, ma poi non ebbe tempo perché venne ammazzato...
Il nome di suo padre nella notte non è servito, gli amici disperati non l'hanno più trovato...
Allora dimmi se tu sai contare, dimmi se sai anche camminare, contare, camminare insieme a cantare la storia di Peppino e degli amici siciliani...
Allora... 1, 2, 3, 4, 5, 10, 100 passi!... 1, 2, 3, 4, 5, 10, 100 passi!...
Era la notte buia dello Stato Italiano, quella del nove maggio settantotto...
La notte di via Caetani, del corpo di Aldo Moro, l'alba dei funerali di uno stato...
Allora dimmi se tu sai contare, dimmi se sai anche camminare, contare, camminare insieme a cantare la storia di Peppino e degli amici siciliani...
Allora... 1, 2, 3, 4, 5, 10, 100 passi!... 1, 2, 3, 4, 5, 10, 100 passi!...
Peppino: È solo un mafioso, uno dei tanti.
Giovanni: È nostro padre.
Peppino: Mio padre! La mia famiglia! Il mio paese... ma io voglio fottermene! Io voglio scrivere che la mafia è una montagna di merda! Io voglio urlare! Contare? 1,2,3,4, sai contare? *(dal film)*

2. La lingua.
Abbina le parole in dialetto siciliano con le parole in italiano.

1. i piccioli
2. accattarsi
3. assettarsi
4. travagliare
5. i picciotti
6. picciriddu

a. sedersi
b. lavorare
c. comprarsi
d. i soldi
e. ragazzino
f. i ragazzi

3. Modi di dire.
Ci sono una serie di frasi tratte dal film. Scegli la definizione più corretta.

1. Vivere sul filo del rasoio.

a. Non farsi la barba da tempo.   b. Vivere senza soldi.   c. Vivere nel rischio costante.

2. È un pezzo grosso.

a. È una persona importante.   b. È una persona grossa e alta.   c. È una persona ricca.

3. Fare la voce grossa.

a. Usare un tono basso di voce.   b. Urlare.   c. Farsi rispettare.

4. Moglie e buoi dei paesi tuoi.

a. È meglio sposare una donna ricca.   b. È meglio sposare una donna del tuo paese.   c. È meglio avere dei buoi che una moglie.

5. Dimmi con chi vai e ti dirò chi sei.

a. Le persone si giudicano dalle amicizie.   b. È importante dove abiti.   c. È importante avere amici ricchi.

6. L'abito non fa il monaco.

a. Bisogna vestirsi bene.   b. I monaci vestono tutti uguali.   c. Non bisogna giudicare dalle apparenze.

4. La politica.

4a. Durante il film si sente parlare di comunismo. Quali sono le critiche di Peppino nei confronti del movimento comunista?

4b. Fai una ricerca sui diversi gruppi politici menzionati nel film: Brigate Rosse, Autonomia Operaia, Democrazia Proletaria.

4c. Le ultime immagini si riferiscono al funerale di Peppino ... Le immagini gradualmente diventano in bianco e nero. Spiega il perché.

5. Link utili.

Sito dell'Associazione culturale Peppino Impastato: www.peppinoimpastato.com
Si possono vedere dei videoclip su youtube.com: La bellezza, Discorso alla Radio, Scena finale, canzone dei *Modena City Ramblers*.

6. Altri film sulla mafia.

Il padrino di Francis Ford Coppola (1973)
Il giorno della Civetta di Damiano Damiani (1968)
Dimenticare Palermo di Francesco Rosi (1989)
Quei bravi ragazzi di Martin Scorsese (1990)
Il giudice ragazzino di Alessandro di Robilant (1994)
Gomorra di Matteo Garrone (2008)
Il Divo di Paolo Sorrentino (2008)

ROBERTO BENIGNI

JOHNNY STECCHINO

con NICOLETTA BRASCHI

e con PAOLO BONACELLI - FRANCO VOLPI

soggetto e sceneggiatura di VINCENZO CERAMI e ROBERTO BENIGNI · musiche di EVAN LURIE

prodotto da MARIO & VITTORIO CECCHI GORI

per C.G. GROUP TIGER CINEMATOGRAFICA / PENTA FILM · regia di ROBERTO BENIGNI

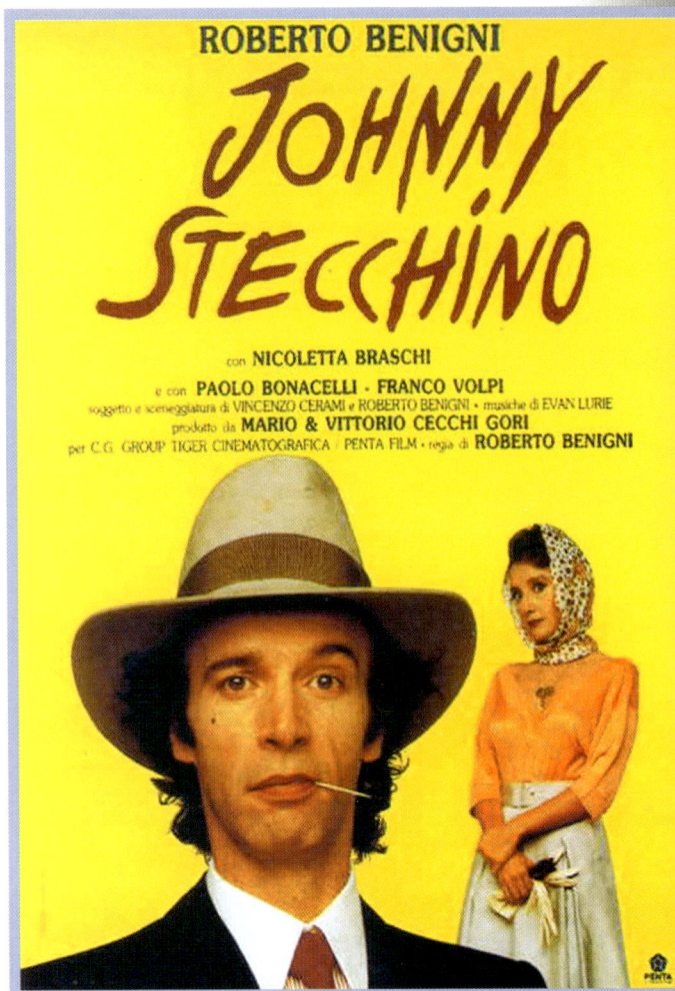

Scheda del film

Titolo:	*Johnny Stecchino*
Anno di produzione:	1991
Regia:	Roberto Benigni
Interpreti principali:	Roberto Benigni (Dante/Johnny)
	Nicoletta Braschi (Maria)
	Paolo Bonacelli (l'avvocato D'Agata)
	Alessandro De Santis (Lillo)
Sceneggiatura:	Roberto Benigni, Vincenzo Cerami
Musiche:	Evan Lurie
Fotografia:	Giuseppe Lanci, Franco Bruni
Montaggio:	Nino Baragli
Scenografia:	Paolo Biagetti
Durata:	116 minuti circa
Genere:	Commedia, comico
Lingua:	Italiano standard, varianti regionali: toscano e siciliano

Prima della visione del film

1. Leggi attentamente la biografia del regista Roberto Benigni e trasforma i verbi tra parentesi al passato prossimo.

Roberto Benigni (**1.** *nascere*) .... in Toscana nel 1952. Oltre ad essere uno dei registi ormai più conosciuti a livello internazionale è anche un attore, un comico e uno sceneggiatore.
(**2.** *cominciare*) .... la sua carriera come comico televisivo, dove subito (**3.** *farsi notare*) .... per la sua comicità fresca, alternativa e spesso dissacrante. Del 1977 è *Berlinguer ti voglio bene*, diretto da Giuseppe Bertolucci, il primo film in cui (**4.** *recitare*) .... come attore protagonista. Nel 1983 (**5.** *girare*) .... *Tu mi turbi*, il suo primo film come regista, e nel 1984 *Non ci resta che piangere*, insieme con Massimo Troisi.
Da sempre Benigni (**6.** *deliziare*) .... spettatori nazionali e internazionali, in televisione, al cinema e a teatro, con le sue straordinarie battute, spesso di natura politica, e la sua irruenza fisica che a volte (**7.** *provocare*) .... polemiche e (**8.** *sconvolgere*) .... il normale andamento dei programmi dove (**9.** *apparire*) .... come ospite. Uno degli esempi più famosi è quando (**10.** *ricevere*) ...., nel 1997, il premio Oscar come miglior attore protagonista per il film *La vita è bella*. In quell'occasione quando Sofia Loren (**11.** *urlare*) .... il suo nome, Benigni (**12.** *alzarsi*) .... di scatto e (**13.** *scavalcare*) .... le persone presenti saltando sulle sedie. *La vita è bella* (**14.** *vincere*) .... altri due Oscar, uno a Nicola Piovani per la miglior colonna sonora e l'altro come miglior film straniero. Da un po' di anni Benigni si dedica alla lettura in pubblico, nelle piazze, nelle scuole e nei teatri italiani ed esteri, della *Divina Commedia* di Dante Alighieri. Lo troviamo come attore anche nel film di Woody Allen, *To Rome with love* (2012).
È sposato con l'attrice Nicoletta Braschi che recita in quasi tutti i suoi film.

2. Osserva la locandina del film. Quali sono le tue conclusioni sul titolo?

3. Dare o darsi un soprannome è una vecchia abitudine. Secondo te, quale caratteristica fisica, caratteriale o altro indicavano i seguenti soprannomi dati a questi personaggi storici?

1. Filippo il Bello
2. Pipino il Breve
3. Carlo Magno
4. Giovanni Senza Terra

5. Lorenzo il Magnifico
6. Maria la Sanguinaria
7. Jack lo Squartatore
8. Riccardo Cuor di Leone

4. Leggi la trama e poi sostituisci le parole in blu con uno dei sinonimi nel riquadro.

Dante è autista di uno scuolabus per ragazzi disabili. Vive solo, non ha amici (a parte Lillo un ragazzo down che soffre di diabete), è **sempliciotto** (**1.** ....) e a volte si diverte per gioco a rubare qualche banana. Inoltre, **intasca** (**2.** ....) i soldi dall'assicurazione facendo finta di avere una seria **menomazione** (**3.** ....) alla mano destra. Quando una notte è **travolto** (**4.** ....) da un auto, si innamora a prima vista della **conducente** (**5.** ....): Maria, una bella donna raffinata che sembra **contraccambiare** (**6.** ....) il suo interesse. In realtà Maria è solo interessata all'incredibile somiglianza che Dante ha con suo marito, il mafioso italo americano Johnny Stecchino, costretto a vivere **nascosto** (**7.** ....) nella sua lussuosa villa a Palermo per **sfuggire** (**8.** ....) alla vendetta del rivale Cozzamara. Il piano di Maria è quello di convincere Dante a raggiungerla a Palermo, trasformarlo in Johnny e farlo **uccidere** (**9.** ....) da Cozzamara al posto del marito. Ma dopo tutta una serie di **esilaranti** (**10.** ....) equivoci le cose non vanno esattamente secondo i piani ...

autista   prende illegalmente   naif   assassinare   investito   problema fisico   senza farsi vedere   comici   corrispondere   evitare

Durante la visione del film

1. **Chi lo dice? Collega queste espressioni o frasi con i personaggi delle foto.**

a.   Santa Cleopatra!

b.   Ci hai fatto l'amore?

c.   Nel mio mestiere incontro un sacco di imbroglioni.

d.   Minchia!

e.   Non me somiglia pe' niente!

f.   Tu non ti dovevi pentire!

g.   Ma quanto costano le banane a Palermo?

h.   Siamo nella stessa barca ... noi non ci conosciamo.

i.   Qualcuno ... come lei sa, non ha scrupoli ad ammazzare le mogli.

2. **Fai attenzione ai seguenti punti durante la visione del film, sono informazioni che saranno di aiuto al completamento delle attività dopo la visione:**

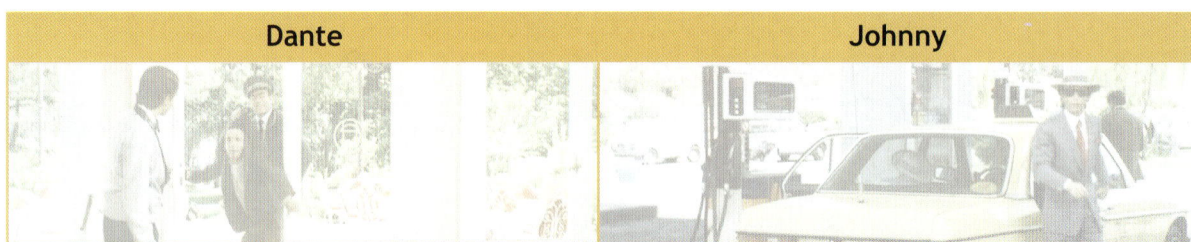

Dante	Johnny

• Osserva i personaggi, soprattutto Dante e Johnny, e prendi appunti sulle loro differenze (suggerimenti: modo di parlare, camminare, muoversi, vestirsi ...).

mondo della mafia

• La rappresentazione del mondo della Mafia: persone, linguaggio, abbigliamento, codici di comportamento.

Dante	Johnny

• L'ambientazione: annota le differenze tra l'ambiente dove vive Dante e quello dove vive Johnny.

Dopo la visione del film

1. **La storia**

1a. Rimetti in ordine le immagini tratte dal film e racconta la storia.

1. .... 2. .... 3. .... 4. .... 5. .... 6. .... 7. .... 8. .... 9. ....

1b. Dai un titolo ad ogni immagine.

2. **I personaggi**

2a. Riempi la seguente tabella con i dati dei due sosia.

	Dante	Johnny
professione		
stato civile		
città		
parente prossimo		
segni particolari		

2b. Secondo te, perché il regista ha scelto i nomi di Dante e Johnny?

....

2c. Elenca le cose che fa Maria per trasformare Dante in Johnny.

Gli cambia il nome in Johnny ....

....

....

2d. Ognuno dei personaggi ha delle peculiarità, delle caratteristiche, delle idiosincrasie che aiutano a definire meglio la loro personalità, a volte creando delle caricature. Compilate la tabella secondo l'esempio.

nome	caratteristiche
Dante	
Maria	È sbadata, si pulisce sempre le mani sui vestiti ...
Lillo	
Lo "zio"/ l'avvocato	
Johnny Stecchino	

2e. Quando all'inizio del film Dante dice che vive da solo per scelta, secondo te dice la verità?

2f. Secondo te, Dante è una persona onesta? Giustifica la tua risposta.

2g. Nel film qual è il personaggio che cambia di più e quello che cambia di meno? Giustifica la tua risposta.

3. La Sicilia e la mafia

3a. Le tre piaghe della Sicilia secondo lo "zio". Riguarda la sequenza del tragitto tra la stazione di Palermo e la villa di Johnny e compila la seguente tabella.

Piaga	Effetto

La piaga del traffico è descritta in modo tale da far pensare ad un'altra vera piaga della Sicilia, quale?

....

3b. In che modo Benigni ridicolizza il prototipo del mafioso attraverso il personaggio di Johnny Stecchino?

....

3c. Quali elementi relazionati alla Mafia sono presenti nel film anche se ridicolizzati?

....

....

....

3d. Nel film, quali personaggi alla conduzione del Paese sono coinvolti o corrotti dal sistema mafioso?

3e. Perché alla fine del film Maria decide di consegnare Johnny e non Dante a Cozzamara?

3f. Secondo te, il suo è un gesto coraggioso o di convenienza? Giustifica la tua risposta.

4. La lingua

4a. Scrivi le differenze tra Dante e Johnny: paragona i due usando i comparativi di maggioranza, minoranza, uguaglianza.

a) Dante è meno ....

b) Johnny è più ....

c) Rispetto a Johnny, Dante è ....

d) Rispetto a Dante, Johnny è ....

e) Dante è (tanto) .... quanto Johnny.

f) Johnny è .... quanto Dante.

4b. E adesso esprimi un'opinione sui vari personaggi usando il superlativo relativo.
Esempio: Secondo me, Lillo è il più simpatico di tutti.

a) Dante è ....

b) Maria è ....

c) Il Dr. Randazzo, l'assicuratore è ....

d) Lo "zio" è ....

e) Johnny è ....

f) Il commissario dei carabinieri è ....

4c. Dante e il portiere dell'albergo parlano di Maria. Completa il seguente dialogo mettendo i verbi tra parentesi al passato prossimo.

• Ma quando (**1.** *partire*) .... ?
• (**2.** *Andarsene*) .... stamattina.
• Ma (**3.** *uscire*) .... , poi torna?
• No, (**4.** *partire*) .... definitivamente, signor Johnny. Signor Johnny, forse (**5.** *dimenticare*) .... di aver perduto questa?
• Sì, ma (**6.** *lasciare*) .... un messaggio per me?
• No, (**7.** *partire*) .... ; (**8.** *fare*) .... i bagagli, (**9.** *pagare*) .... il conto. (**10.** *Partire*) .... !

4d. Prima di partire per la Sicilia, Dante fa tante raccomandazioni al suo amico Lillo e viceversa; metti i verbi tra parentesi al modo imperativo.

Dante: ...puoi dormire a casa mia però, mi raccomando (**1.** *pulire*) .... ; (**2.** *stare*) .... attento a tutto; (**3.** *pagare*) .... le rate del condominio; (**4.** *non distrarsi*) .... , (**5.** *concentrarsi*) .... (**6.** *non mangiare*) .... troppi dolci... (**7.** *non aprire*) .... a nessuno... Oh, (**8.** *lasciarmi*) .... oh, sennò perdo il treno. Ciao.
Lillo: Ciao! (**9.** *tornare*) .... presto, (**10.** *scrivere*) .... una cartolina, (**11.** *portare*) .... un regalo.

4e. Quasi tutto il film si basa sull'equivoco da cui deriva la maggior parte della comicità. Completa queste frasi usando il congiuntivo.

Esempio: Maria pensa che Dante assomigli a Johnny Stecchino come una goccia d'acqua.

1. Dante pensa che Maria ....

2. A Palermo la gente pensa che Dante ....

3. Dante pensa che l'avvocato ....

4. Dante crede che la cocaina ....

5. Quando sente abbaiare, Dante crede che nella villa ....

6. Dante teme che .... a causa del furto delle banane.

7. Il Giudice Cataratta pensa che Johnny/Dante ....

8. All'opera, Dante pensa che la frase "La devi pagare" ....

9. Dante pensa che il Ministro ....

10. Quando Dante incontra Johnny nella dispensa crede che ....

5. Per discutere...

5a. Ti è piaciuto il film? Fai una lista degli aspetti positivi e negativi del film.

aspetti positivi	aspetti negativi

5b. Che cosa pensi del finale?

5c. Secondo te, qual è il personaggio più riuscito cinematograficamente nel film?

....

5d. La musica secondo te accompagna l'umore del film o lo contrasta?

5e. Perché il regista ha deciso di usare l'ironia e la farsa per parlare della mafia e della corruzione?

5f. Quali sono gli elementi dei film "gangster" che Benigni ha usato in questo film a suo vantaggio?

....

5g. Consideriamo la sequenza a teatro: la gente accusa e inveisce contro "Johnny" non perché è un mafioso ma perché si è pentito e ha cominciato a collaborare con la giustizia. Secondo te, che cosa ha voluto comunicare Benigni attraverso questa contraddizione?

5h. Secondo te, il genere comico scelto per parlare di problemi così seri, funziona? Ricordi altri film, o esempi letterari, anche stranieri, che usano il genere della commedia e della farsa per affrontare temi sociali?

5i. Cita qualche esempio di farsa nel film.

....

5l. In questo film Benigni è il regista, il co-sceneggiatore e l'attore principale che interpreta due personaggi diametralmente opposti. Discuti con la classe sulle difficoltà e i vantaggi di ricoprire tutti questi ruoli per la riuscita del film.

ATTIVITÀ EXTRA

1. Nel film, Johnny Stecchino è costretto a nascondersi perché "si è pentito". Con il termine *pentito* si indica un ex-mafioso che per proteggere se stesso e la sua famiglia, decide di collaborare con la polizia rivelando notizie importanti sulla mafia ed esponenti della mafia. Cerca su un motore di ricerca italiano notizie sul pentitismo e i più importanti pentiti nella storia della lotta contro la mafia.

2. Fai una ricerca sui giudici Giovanni Falcone e Paolo Borsellino (*foto a destra*), i quali hanno condotto una vera e propria guerra contro la mafia, grazie anche alla collaborazione dei pentiti, ed entrambi assassinati.

3. Una televisione locale ti ha chiesto di scrivere una recensione sul film. Registra la lettura della recensione come attività di classe in forma di intervista usando una webcam, il telefonino o altro e poi, se vuoi, caricala su youtube.

4. Link utili.
È possibile vedere molti videoclip del film su youtube.com
www.tuttobenigni.it/
http://robertobenignifans.com/
http://it.wikipedia.org/wiki/Johnny_Stecchino
www.italica.rai.it/cinema/luci_ombre/johnny_stecchino.htm
www.miusika.net/?p=815
www.dooyoo.it/dvd-film/johnny-stecchino-dvd/512324/

Chiavi degli esercizi: I cento passi

Prima della visione del film

1. **1.** Era molto attivo in politica; **2.** Temi sociali legati a esperienze politiche; **3.** No, è un film sui rapporti familiari; **4.** Ha vinto il premio per la migliore sceneggiatura a Venezia e 5 David di Donatello; **5.** Sì, ha girato *La meglio gioventù*

2. **1.** Il film è tratto da una storia realmente accaduta; **2.** Negli anni Settanta; **3.** La morte dello zio Cesare; **4.** Inizia l'attività politica. Organizza un circolo culturale, scrive articoli sui giornali, fa fotografie e teatro per strada e fonda una radio per denunciare le malefatte della mafia; **5.** Suo padre non condivide la presa di posizione di Peppino. teme per la sua vita e reagisce con violenza e con disperazione fino a quando è costretto a buttare fuori il figlio di casa; **6.** La madre di Peppino; **7.** Dimostrare la disonestà dei capi mafiosi; **8.** Sì, organizza un centro culturale e riesce a coinvolgere i giovani di Cinisi; **9.** Si candida alle elezioni, ma viene assassinato il 9 maggio del 1978, qualche giorno prima delle elezioni; **10.** La tragedia coincise con il ritrovamento del corpo di Aldo Moro. Il caso fu archiviato come incidente sul lavoro e dopo anni si parlò di suicidio.

Durante la visione

1. **Risposte suggerite - 1.** I bambini indossano i pantaloni corti e una camicia bianca, proprio come negli anni Sessanta; **2.** L'occasione è la presenza di Anthony, nipote di Don Cesare Manzella, il quale venuto dall'America si è sposato con una ragazza del posto; **3.** Gli invitati sono i parenti stretti e, anche da alcuni discorsi, fanno pensare ad una famiglia mafiosa; **4.** Siamo negli anni Sessanta. Possiamo riconoscere la Giulietta IT del 1960 dell'Alfa Romeo, la Fiat 600, la Fiat 500 C Topolino

2. colata di cemento, montagna, aeroporto, strade, pista, rubare, amici mafiosi. *Protesta:* Nessuno voleva l'aereoporto in quel punto perché era troppo vicino alla montagna e quindi pericoloso. Ma la mafia aveva interessi ed era riuscita ad ottenere l'appalto

3. **a. Peppino -** *Aspetto fisico:* occhi scuri, mingherlino, pallido, asciutto, capelli lisci, magro; *Personalità:* malinconico, taciturno, riflessivo, passionale, ironico, onesto, impaziente, irrazionale, nervoso, impulsivo
   b. Peppino e le relazioni - *Il padre Giovanni:* rabbia, disgusto, intolleranza, disprezzo; *La madre Felicia:* solidarietà, protezione, complicità, affetto; *Il fratello Giovanni:* affetto, rispetto, protezione; *Gli amici:* cameratismo, entusiasmo, affetto; *Il pittore Stefano Venturi:* ammirazione, delusione, frustrazione, rispetto, tolleranza
   c. La famiglia (risposte suggerite) - *Padre:* Non accetta la posizione di Peppino, Teme per la vita del figlio, Non si sente apprezzato; *Madre:* Condivide le sue idee, Lo difende e lo aiuta, Lo ammira; *Giovanni:* Ha paura delle conseguenze, Lo segue e condivide la lotta, Prova affetto e ammirazione

   d. I parenti - *Cesare Manzella:* Cognato di Luigi Impastato. Era un boss mafioso, molto tradizionale e potente; *Tano Badalamenti:* Cugino di Luigi Impastato. Arrogante, senza scrupoli, irriverente e insolente; *Anthony:* Americano, moderno
   e. La madre - 1. Pettina il figlio, **2.** Ripete a memoria una poesia, **3.** Ascolta suo marito, **4.** Compra i giornali, **5.** Serve a tavola la pasta, **6.** Difende il figlio, **7.** Porta la valigia, **8.** Legge a voce alta una poesia, **9.** Segue le notizie alla TV, **10.** Mostra orgoglio e solidarietà nei confronti del figlio

4. riunioni di politica, cineforum, dibattiti, musica

5. **a.** - **1.** V, **2.** F, **3.** V, **4.** F, **5.** V, **6.** V
   b. - provocatorio, comico, sarcastico, divertente, intelligente, volgare, ironico, informativo

6. campagne desolate, colline verdi, strade strette, spiaggia aperta, strade non asfaltate, case vecchie, mare, ruderi in campagna, fattorie, negozi piccoli, bar con i tavolini fuori

7. **1.** A casa del pittore, **2.** In mezzo alla strada, **3.** Sulle colline a ridosso del mare, **4.** In un garage di fronte la loro casa, **5.** Alla trattoria del padre, **6.** Nella camera da letto dei genitori, **7.** Sempre alla trattoria del padre

Dopo la visione

1. solitario, cespuglio, guardando, silenzio, nascondo, sento, frusciare, paragonando, ritorna in mente, vastità

2. 3. 4. 5. Risposte libere

6. cineforum (si guarda un film), paninoteca (si mangia qualcosa), ateneo (si seguono lezioni universitarie), centro sociale (si suona e si sta con amici), biblioteca (si va a studiare), sezione di partito (si parla di politica), maneggio (si va a cavallo), autodromo (si fanno gare in macchina), discoteca (si balla), pizzeria (si mangia di solito una pizza), palestra (si fa ginnastica), oratorio (ci si incontra per fare diverse attività), piazza (si sta quando non piove), birreria (si beve qualcosa), circolo culturale (i soci si incontrano)

7a. 7b. Risposte libere

8. cineforum (si guarda un film), paninoteca (si mangia

9a. 9b. Risposte libere

10. **a. -** *1° fase:* Infanzia e ammirazione per lo zio, *2° fase:* Ribellione e interesse per le ingiustizie sociali: esproprio dei terreni per la costruzione dell'aeroporto, *3° fase:* Attività giornalistica e fotografia e teatro di piazza, *4° fase:* Nascita di Radio AUT e sua gestione, *5° fase:* Candidatura per Democrazia Proletaria e campagna elettorale
   b. Risposta libera